Impressum
Verlag: BABADADA GmbH, Nedderfeld 112 , 22529 Hamburg
Geschäftsführer / Verlagsleitung: Harald Hof
Druck: Books on Demand GmbH, In de Tarpen 42, 22848 Norderstedt

Imprint
Publisher: BABADADA GmbH, Nedderfeld 112 , 22529 Hamburg, Germany
Managing Director / Publishing direction: Harald Hof
Print: Books on Demand GmbH, In de Tarpen 42, 22848 Norderstedt

school
σχολείο

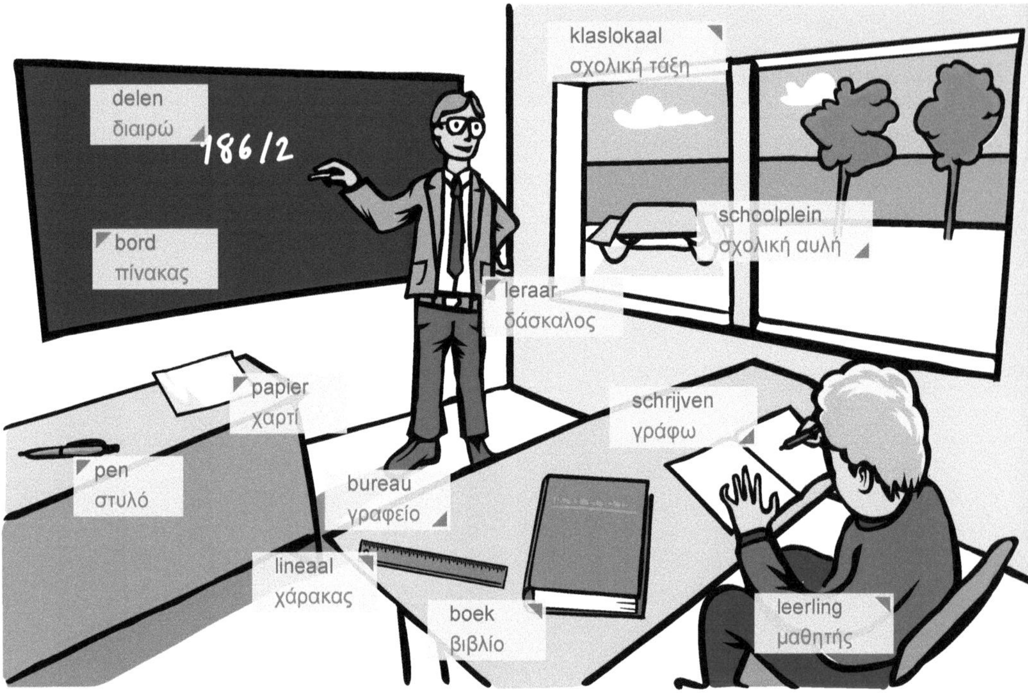

klaslokaal
σχολική τάξη
delen
διαιρώ
186/2
bord
πίνακας
schoolplein
σχολική αυλή
leraar
δάσκαλος
papier
χαρτί
schrijven
γράφω
pen
στυλό
bureau
γραφείο
lineaal
χάρακας
boek
βιβλίο
leerling
μαθητής

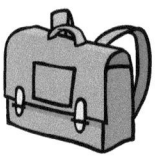

schooltas

σχολική τσάντα

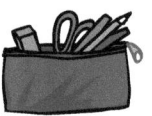

etui

κασετίνα/ μολυβοθήκη

potlood

μολύβι

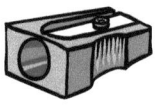

puntenslijper

ξύστρα

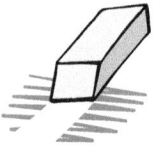

gum

γόμα

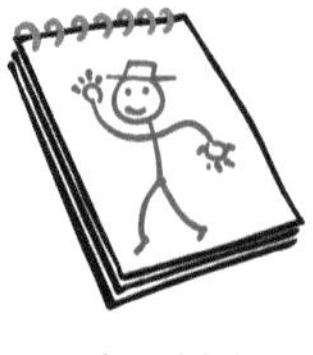

schetsblok

μπλοκ ζωγραφικής

tekening

ζωγραφική

penseel

πινέλο

verfdoos

κουτί χρωμάτων

schaar

ψαλίδι

lijm

κόλλα

schrift

τετράδιο ασκήσεων

huiswerk

εργασία για το σπίτι

getal

αριθμός

optellen

προσθέτω

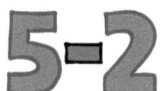

aftrekken

αφαιρώ

vermenigvuldigen

πολλαπλασιάζω

rekenen

υπολογίζω

letter

γράμμα

alfabet

αλφάβητο

woord

λέξη

tekst

κείμενο

lezen

διαβάζω

krijt

κιμωλία

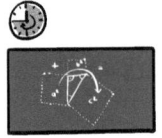

les

μάθημα

klassenboek

εγγράφομαι

examen

τεστ

diploma

πιστοποιητικό

schooluniform

μαθητική στολή

opleiding

εκπαίδευση

encyclopedie

εγκυκλοπαίδεια

universiteit

πανεπιστήμιο

microscoop

μικροσκόπιο

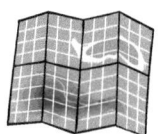

kaart

χάρτης

prullenmand

καλάθι αχρήστων

reis
ταξίδι

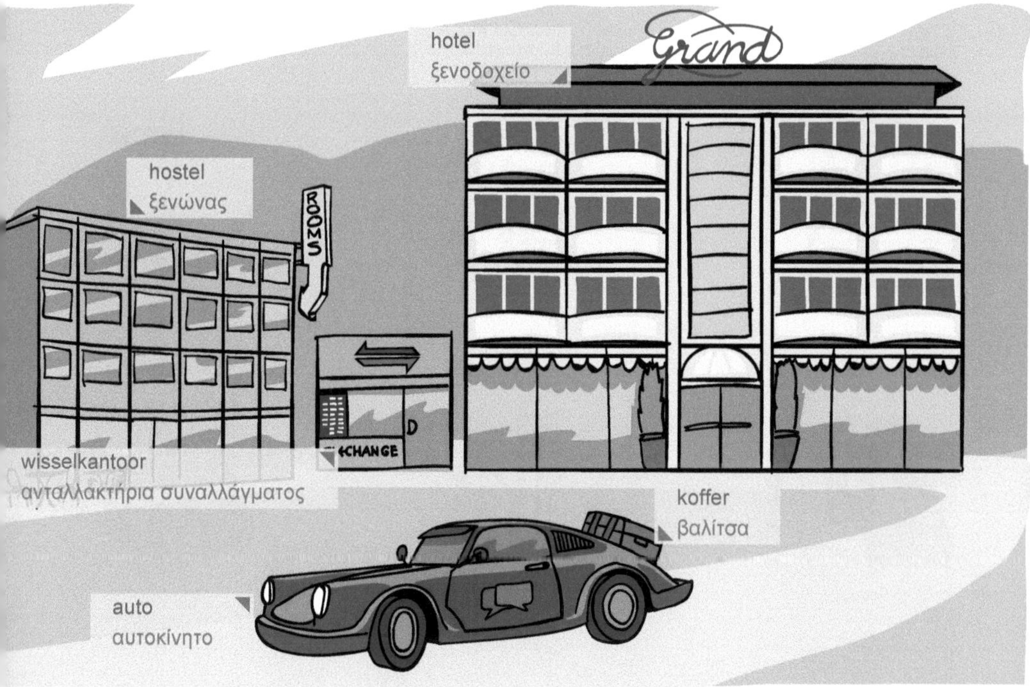
hotel
ξενοδοχείο
Grand
hostel
ξενώνας
ROOMS
wisselkantoor
ανταλλακτήρια συναλλάγματος
koffer
βαλίτσα
auto
αυτοκίνητο

taal
γλώσσα

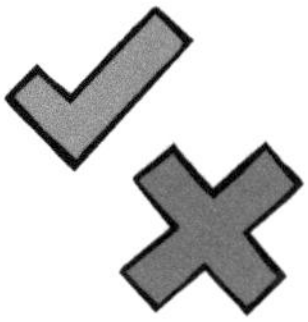

ja / nee
ναι / όχι

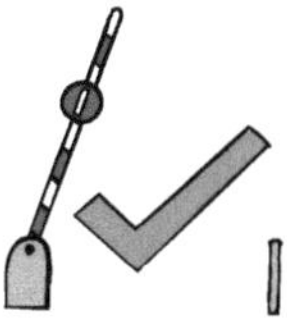

oké
εντάξει

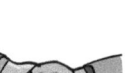

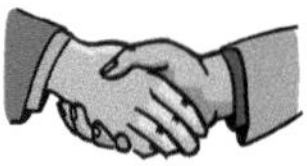

Hallo!
γεια σου

tolk
μεταφραστής

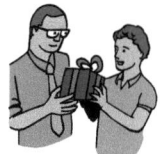

Bedankt.
Ευχαριστώ

Wat kost ...?

πόσο κάνει ;

Ik begrijp het niet.

Δε καταλαβαίνω

probleem

πρόβλημα

Goedenavond!

Καλησπέρα!

Goedemorgen!

Καλημέρα!

Goedenacht!

Καληνύχτα!

Tot ziens!

Αντίο

richting

κατεύθυνση

bagage

αποσκευές

tas

τσάντα

rugzak

σακίδιο πλάτης

gast

καλεσμένος

kamer

δωμάτιο

slaapzak

υπνόσακος

tent

σκηνή

VVV-kantoor

τουριστικές πληροφορίες

strand

παραλία

creditkaart

πιστωτική κάρτα

ontbijt

πρωινό

lunch

μεσημεριανό

diner

δείπνο

kaartje

εισιτήριο

lift

ανελκυστήρας

postzegel

γραμματόσημο

grens

σύνορα

douane

τελωνείο

ambassade

πρεσβεία

visum

βίζα

paspoort

διαβατήριο

transport

μεταφορά

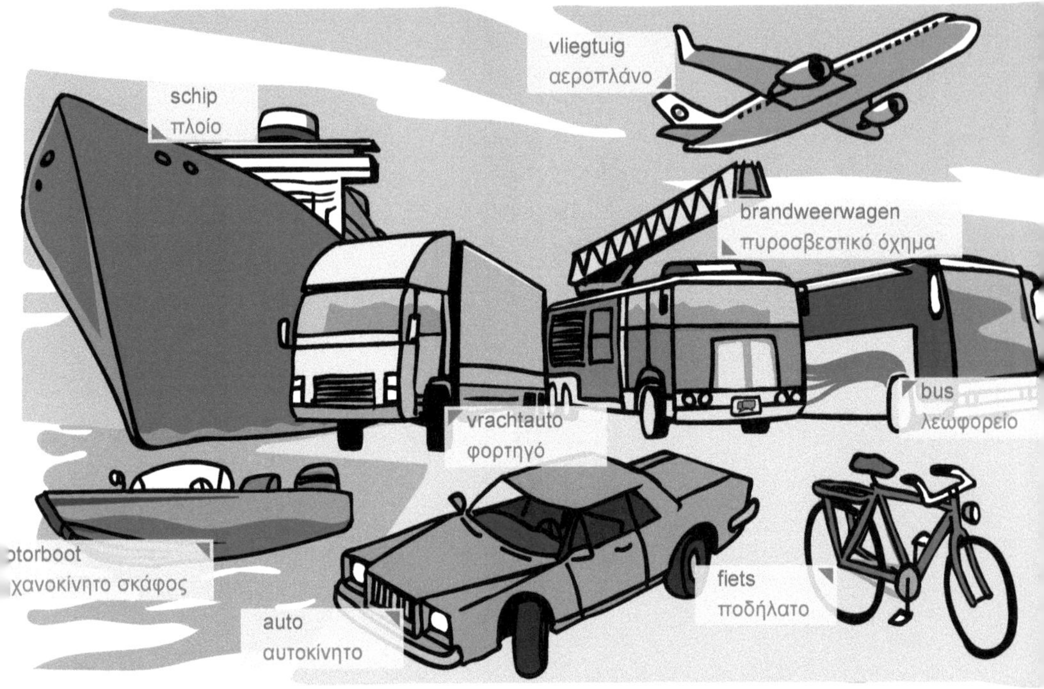

vliegtuig
αεροπλάνο
schip
πλοίο
brandweerwagen
πυροσβεστικό όχημα
bus
λεωφορείο
vrachtauto
φορτηγό
otorboot
χανοκίνητο σκάφος
auto
αυτοκίνητο
fiets
ποδήλατο

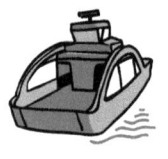

veerboot

φεριμπότ

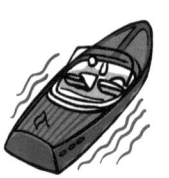

boot

βάρκα

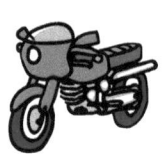

motorfiets

μοτοσικλέτα

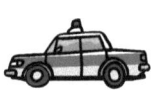

politiewagen

περιπολικό

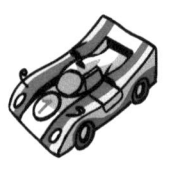

raceauto

αγωνιστικό αυτοκίνητο

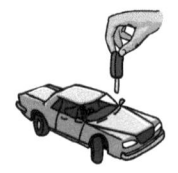

huurauto

ενοικιαζόμενο αυτοκίνητο

carsharing

διαμοιρασμός αυτοκινήτων

takelwagen

γερανός

vuilniswagen

απορριμματοφόρο

motor

κινητήρας

benzine

καύσιμο

benzinepomp

βενζινάδικο

verkeersbord

πινακίδα σήμανσης

verkeer

κυκλοφορία

file

κυκλοφοριακή συμφόρηση

parkeerplaats

χώρος στάθμευσης

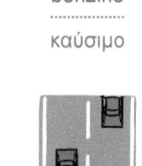

station

σιδηροδρομικός σταθμός

rails

σιδηροδρομικές γραμμές

trein

τρένο

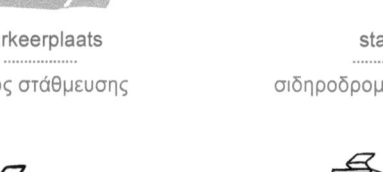

tram

τραμ

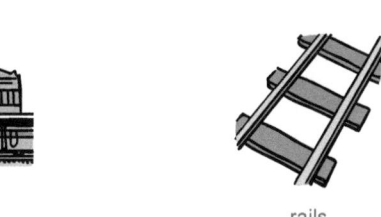

wagon

βαγόνι

helikopter
ελικόπτερο

luchthaven
αεροδρόμιο

toren
πύργος

passagier
επιβάτης

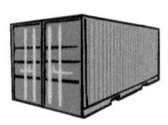

container
εμπορευματοκιβώτιο

verhuisdoos
χαρτοκιβώτιο

kar
καρότσι

mand
καλάθι

opstijgen / landen
απογειώνομαι /
προσγειόνομαι

stad
πόλη

dorp
χωριό

stadscentrum
κέντρο της πόλης

huis
σπίτι

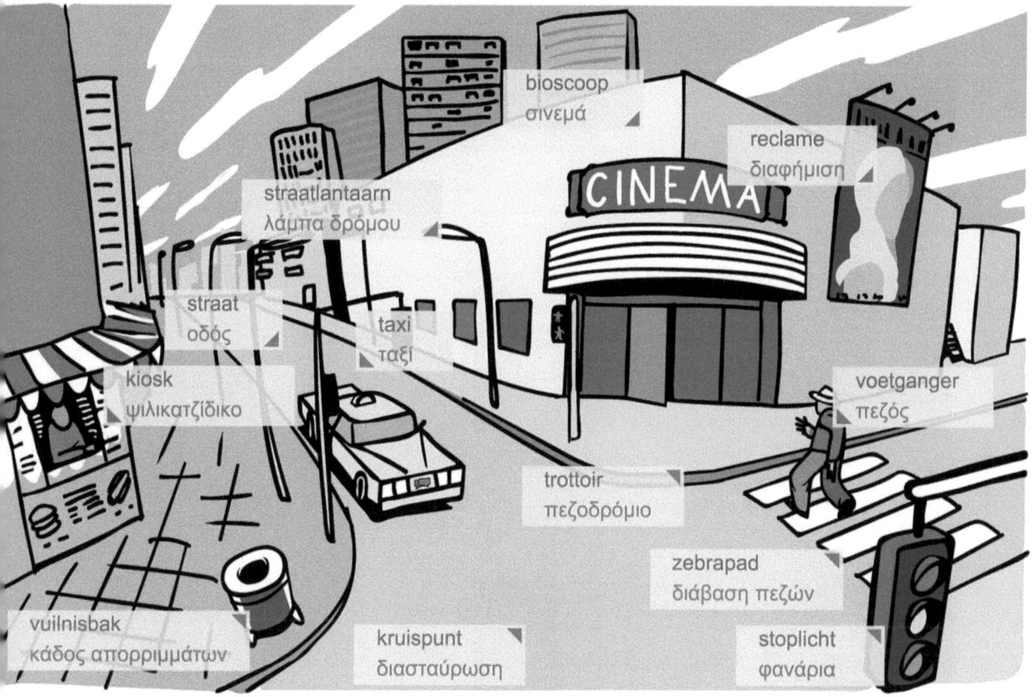

bioscoop
σινεμά

reclame
διαφήμιση

straatlantaarn
λάμπα δρόμου

straat
οδός

taxi
ταξί

kiosk
ψιλικατζίδικο

voetganger
πεζός

trottoir
πεζοδρόμιο

zebrapad
διάβαση πεζών

vuilnisbak
κάδος απορριμμάτων

kruispunt
διασταύρωση

stoplicht
φανάρια

CINEMA

hut
καλύβα

appartement
διαμέρισμα

station
σιδηροδρομικός σταθμός

stadhuis
δημαρχείο

museum
μουσείο

school
σχολείο

universiteit

πανεπιστήμιο

bank

τράπεζα

ziekenhuis

νοσοκομείο

hotel

ξενοδοχείο

apotheek

φαρμακείο

kantoor

γραφείο

boekenwinkel

βιβλιοπωλείο

winkel

κατάστημα

bloemenwinkel

ανθοπωλείο

supermarkt

σούπερ μάρκετ

markt

αγορά

warenhuis

πολυκατάστημα

visboer

ιχθυοπωλείο

winkelcentrum

εμπορικό κέντρο

haven

λιμάνι

park	bank	brug
πάρκο	παγκάκι	γέφυρα

trap	metro	tunnel
σκάλες	μετρό	τούνελ

bushalte	bar	restaurant
στάση λεωφορείου	μπαρ	εστιατόριο

brievenbus	straatnaambord	parkeermeter
γραμματοκιβώτιο	πινακίδα δρόμου	παρκόμετρο

dierentuin	zwembad	moskee
ζωολογικός κήπος	πισίνα	τζαμί

boerderij

αγρόκτημα

vervuiling

ρύπανση

begraafplaats

νεκροταφείο

kerk

εκκλησία

speelplaats

παιδική χαρά

tempel

ναός

landschap

τοπίο

blad
φύλλο

wegwijzer
πινακίδα κατεύθυνσης

weg
δρόμος

weide
λιβάδι

steen
πέτρα

boom
δέντρο

wandelaar
πεζοπόρος

rivier
ποτάμι

gras
χορτάρι

bloem
λουλούδι

vallei
κοιλάδα

berg
λόφος

meer
λίμνη

bos
δάσος

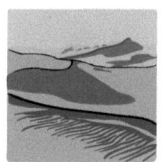

woestijn
έρημος

vulkaan
ηφαίστειο

kasteel
κάστρο

regenboog
ουράνιο τόξο

paddenstoel
μανιτάρι

palmboom
φοίνικας

mug
κουνούπι

vlieg
μύγα

mier
μυρμήγκι

bij
μέλισσα

spin
αράχνη

kever

σκαθάρι

kikker

βάτραχος

eekhoorn

σκίουρος

egel

σκαντζόχοιρος

haas

λαγός

uil

κουκουβάγια

vogel

πουλί

zwaan

κύκνος

wild zwijn

αγριογούρουνο

hert

ελάφι

eland

άλκη

stuwdam

φράγμα

windmolen

ανεμογεννήτρια

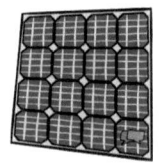

zonnepaneel

ηλιακός συλλέκτης

klimaat

κλίμα

restaurant
εστιατόριο

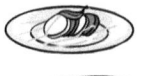

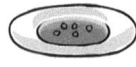

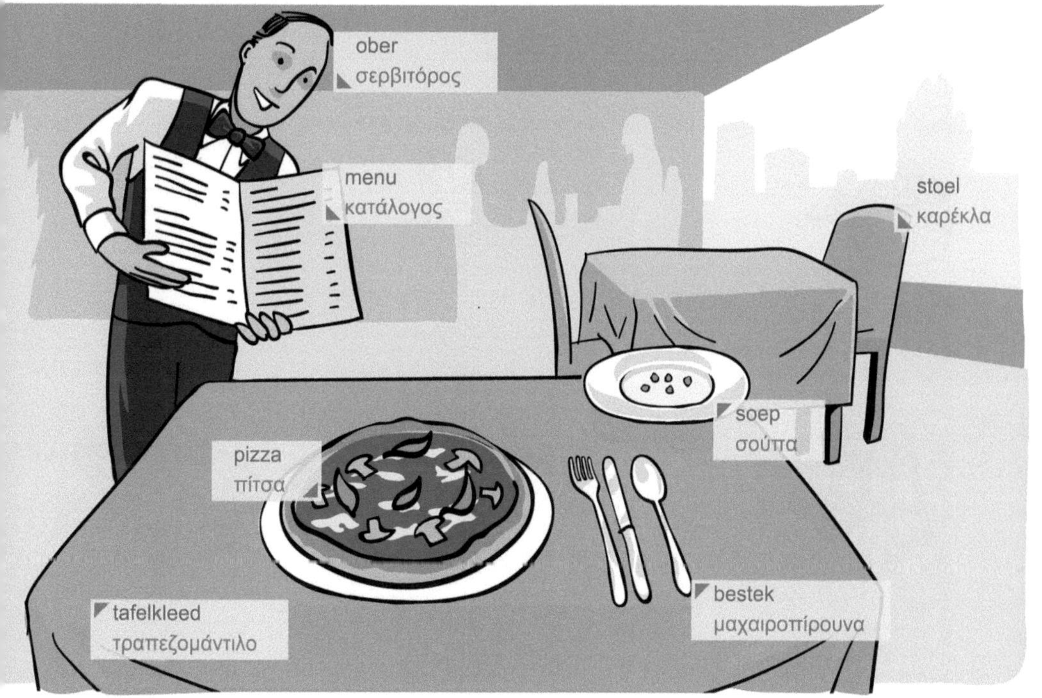

ober
σερβιτόρος
menu
κατάλογος
stoel
καρέκλα
soep
σούπα
pizza
πίτσα
tafelkleed
τραπεζομάντιλο
bestek
μαχαιροπίρουνα

voorgerecht

ορεκτικό

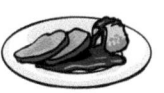

hoofdgerecht

κύριο πιάτο

toetje

επιδόρπιο

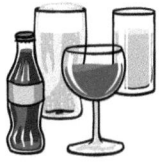

dranken

ποτά

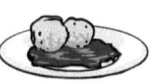

eten

φαγητό

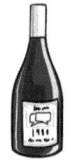

fles

μπουκάλι

fastfood

φαστ φουντ

eetkraampje

φαγητό στ' όρθιο

theepot

τσαγιέρα

suikerpot

δοχείο ζάχαρης

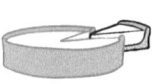

portie

μερίδα

espressomachine

μηχανή εσπρέσο

kinderstoel

ψηλή καρέκλα

rekening

λογαριασμός

dienblad

δίσκος

mes

μαχαίρι

vork

πιρούνι

lepel

κουτάλι

theelepel

κουταλάκι του τσαγιού

servet

πετσέτα φαγητού

glas

ποτήρι

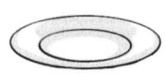

bord

πιάτο

soepbord

πιάτο σούπας

schotel

πιατάκι φλιτζανιού

saus

σάλτσα

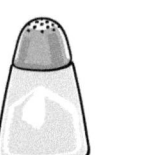

zoutvaatje

αλατιέρα

pepermolen

μύλος για πιπέρι

azijn

ξύδι

olie

λάδι

kruiden

μπαχαρικά

ketchup

κέτσαπ

mosterd

μουστάρδα

mayonaise

μαγιονέζα

supermarkt
σούπερ μάρκετ

aanbieding
προσφορά
FOR
klant
πελάτης
zuivelproducten
γαλακτοκομικά προϊόντα
fruit
φρούτα
winkelwagen
καρότσι για ψώνια

BUTCHERS

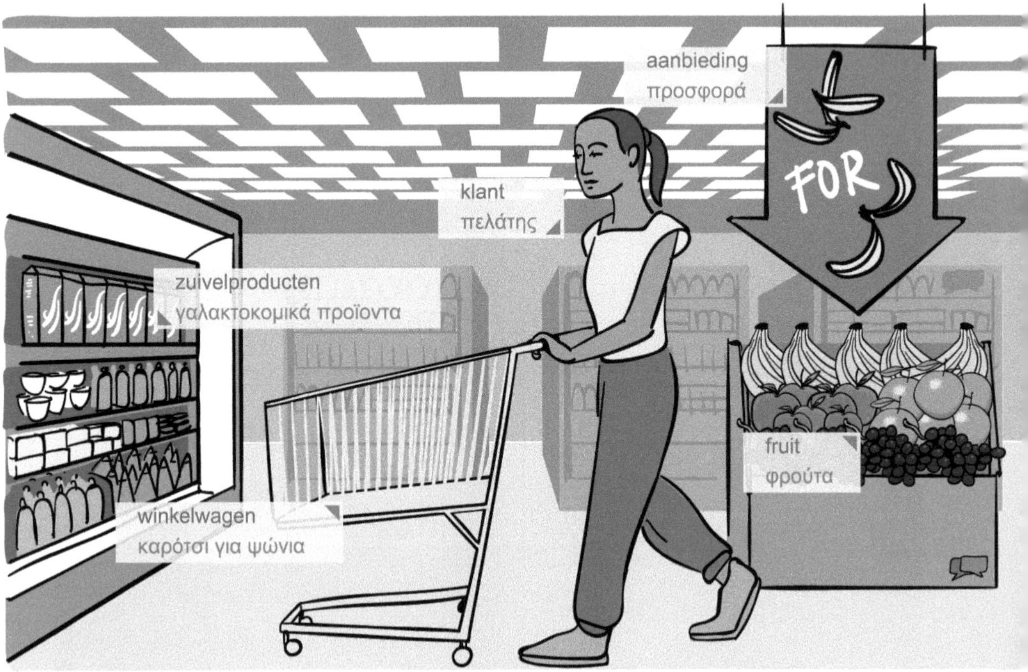

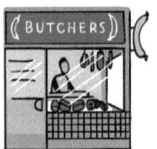

slager

κρεοπωλείο

BAKERY

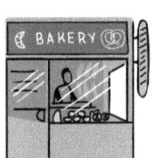

bakkerij

φούρνος

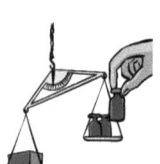

wegen

ζυγίζω

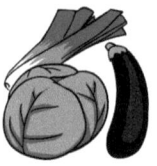

groente

λαχανικά

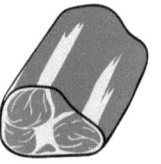

vlees

κρέας

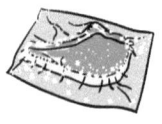

diepvriesproducten

κατεψυγμένα τρόφιμα

vleeswaren

αλλαντικά

conserven

κονσερβοποιημένη τροφή

wasmiddel

απορρυπαντικό ρούχων

snoepgoed

γλυκά

huishoudelijke artikelen

οικιακά είδη

schoonmaakmiddel

καθαριστικά προϊόντα

verkoopster

πωλήτρια

kassa

ταμείο

kassier

ταμίας

boodschappenlijstje

λίστα για ψώνια

openingstijden

ωράριο λειτουργίας

portefeuille

πορτοφόλι

creditkaart

πιστωτική κάρτα

tas

τσάντα

plastic zak

πλαστική σακούλα

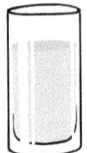

water

νερό

sap

χυμός

melk

γάλα

cola

κόκα κόλα

wijn

κρασί

bier

μπίρα

alcohol

αλκοόλ

chocolademelk

κακάο

thee

τσάι

koffie

καφές

espresso

εσπρέσο

cappuccino

καπουτσίνο

banaan

μπανάνα

appel

μήλο

sinaasappel

πορτοκάλι

watermeloen

πεπόνι

citroen

λεμόνι

wortel

καρότο

knoflook

σκόρδο

bamboe

μπαμπού

ui

κρεμμύδι

paddenstoel

μανιτάρι

noten

ξηροί καρποί

pasta

νουντλς

spaghetti

μακαρόνια

rijst

ρύζι

salade

σαλάτα

friet

πατατάκια

gebakken aardappelen

τηγανητές πατάτες

pizza

πίτσα

hamburger

χάμπουργκερ

sandwich

σάντουιτς

schnitzel

κοτολέτα

ham

ζαμπόν

salami

σαλάμι

worst

λουκάνικο

kip

κοτόπουλο

gebraad

ψητό

vis

ψάρι

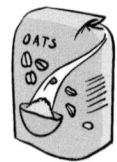

havermout

χυλός βρώμης

muesli

μούσλι

cornflakes

κορν φλέικς

meel

αλεύρι

croissant

κρουασάν

broodjes

ψωμάκι

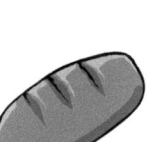

brood

ψωμί

toast

τοστ

koekjes

μπισκότα

boter

βούτυρο

kwark

τυρόπηγμα

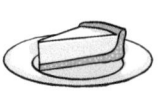

taart

κέικ

ei

αυγό

gebakken ei

τηγανητό αυγό

kaas

τυρί

ijs

παγωτό

suiker

ζάχαρη

honing

μέλι

jam

μαρμελάδα

chocoladepasta

άλλειμμα σοκολάτας

kerrie

κάρυ

boerderij
αγρόκτημα

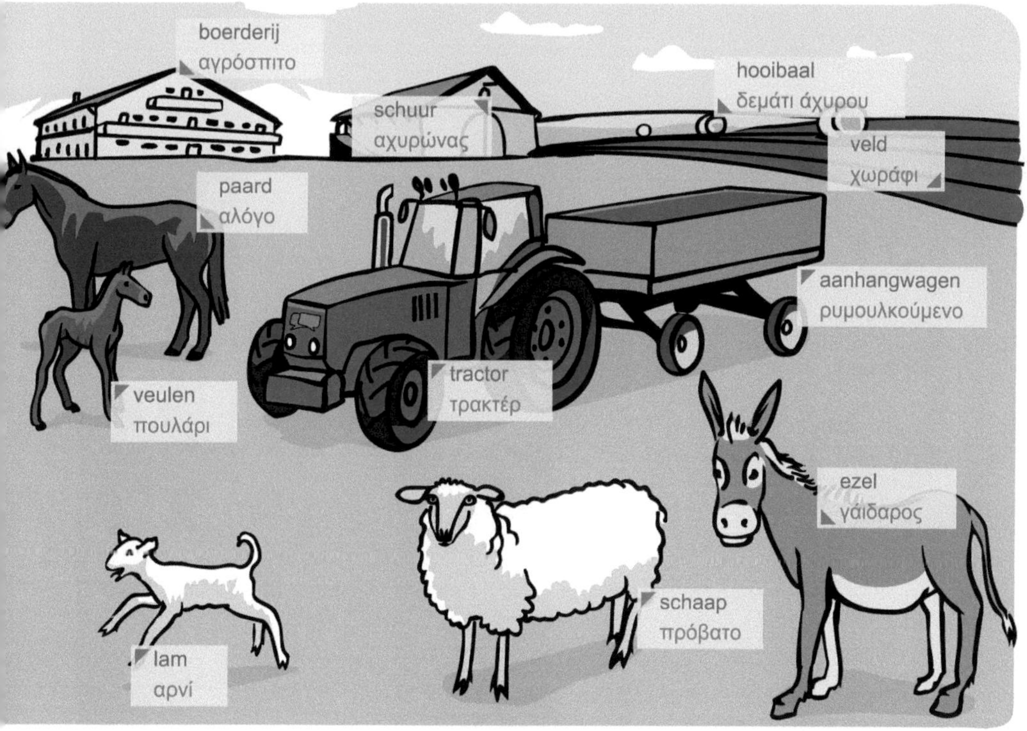
boerderij
αγρόσπιτο
schuur
αχυρώνας
hooibaal
δεμάτι άχυρου
veld
χωράφι
paard
αλόγο
aanhangwagen
ρυμουλκούμενο
tractor
τρακτέρ
veulen
πουλάρι
ezel
γάιδαρος
schaap
πρόβατο
lam
αρνί

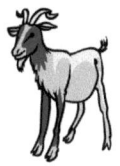

geit

κατσίκα

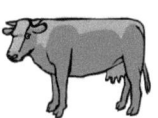

koe

αγελάδα

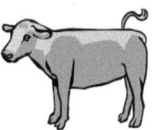

kalf

μοσχαράκι

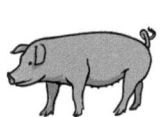

varken

γουρούνι

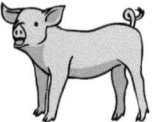

big

γουρουνάκι

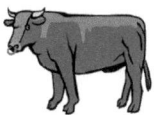

stier

ταύρος

gans
χήνα

eend
πάπια

kuiken
κοτοπουλάκι

kip
κότα

haan
κόκορας

rat
αρουραίος

kat
γάτα

muis
ποντίκι

os
βόδι

hond
σκύλος

hondenhok
σπιτάκι σκύλου

tuinslang
λάστιχο κήπου

gieter
ποτιστήρι

zeis
θεριστήρι

ploeg
αλέτρι

sikkel
δρεπάνι

schoffel
τσάπα

hooivork
δίκρανο

bijl
τσεκούρι

kruiwagen
χειράμαξα

trog
ταΐστρα

melkbus
δοχείο γάλακτος

zak
σάκος

hek
φράχτης

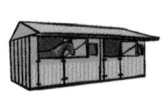

stal
στάβλος

broeikas
θερμοκήπιο

grond
έδαφος

zaad
σπόρος

mest
λίπασμα

maaidorser
θεριζοαλωνιστική μηχανή

oogsten

θερίζω

oogst

συγκομιδή

yam

γιαμς

tarwe

σιτάρι

soja

σόγια

aardappel

πατάτα

maïs

καλαμπόκι

koolzaad

κράμβη

fruitboom

οπωροφόρο δέντρο

maniok

μανιόκα

granen

δημητριακά

huis
σπίτι

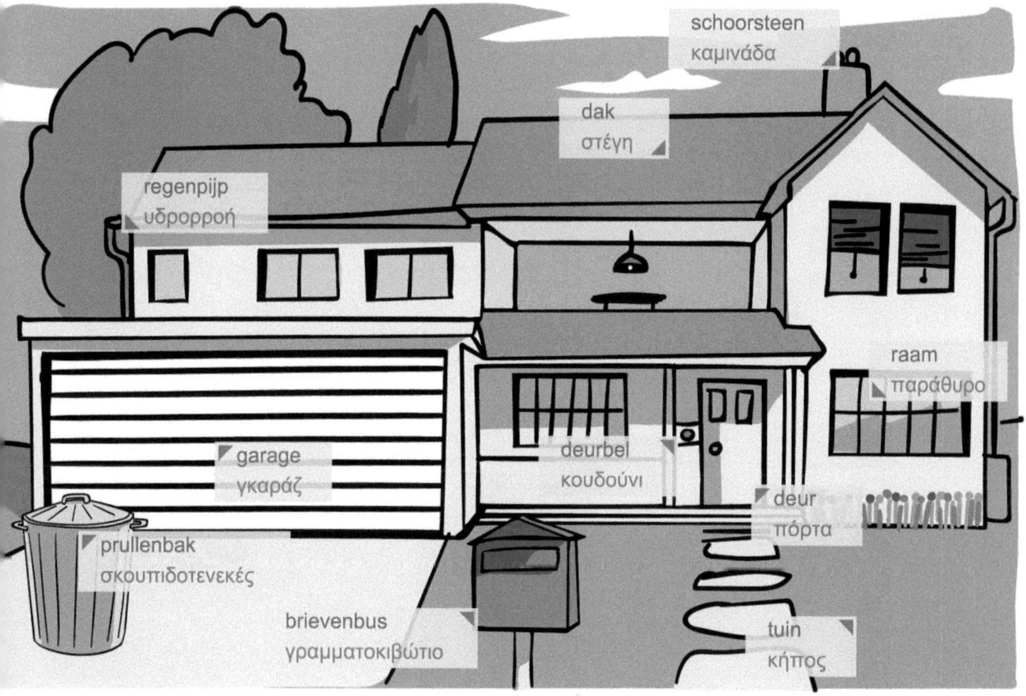
schoorsteen
καμινάδα
dak
στέγη
regenpijp
υδρορροή
raam
παράθυρο
garage
γκαράζ
deurbel
κουδούνι
deur
πόρτα
prullenbak
σκουπιδοτενεκές
brievenbus
γραμματοκιβώτιο
tuin
κήπος

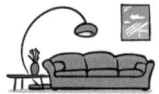

woonkamer

σαλόνι

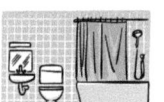

badkamer

μπάνιο

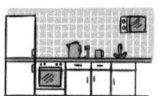

keuken

κουζίνα

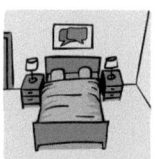

slaapkamer

υπνοδωμάτιο

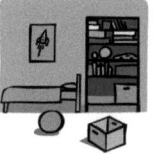

kinderkamer

παιδικό δωμάτιο

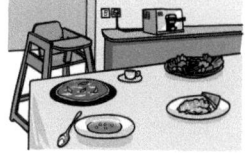

eetkamer

τραπεζαρία

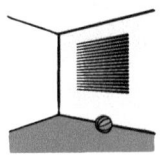

vloer

πάτωμα

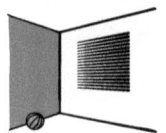

muur

τοίχος

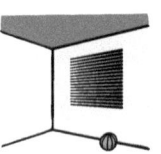

plafond

οροφή

kelder

κελάρι

sauna

σάουνα

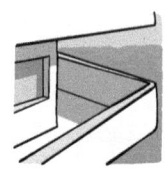

balkon

μπαλκόνι

terras

βεράντα

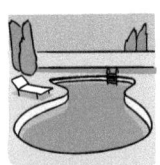

zwembad

πισίνα

grasmaaier

μηχανή του γκαζόν

laken

σεντόνι

bedsprei

κάλυμμα κρεβατιού

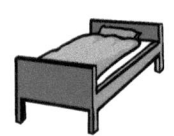

bed

κρεβάτι

bezem

σκούπα

emmer

κουβάς

schakelaar

διακόπτης

woonkamer
σαλόνι

behang
ταπετσαρία
foto
φωτογραφία
lamp
λάμπα
plank
ράφι
kast
ντουλάπι
televisie
τηλεόραση
open haard
τζάκι
bloem
λουλούδι
kussen
μαξιλάρι
bankstel
καναπές
vaas
βάζο
afstandsbediening
τηλεκοντρόλ

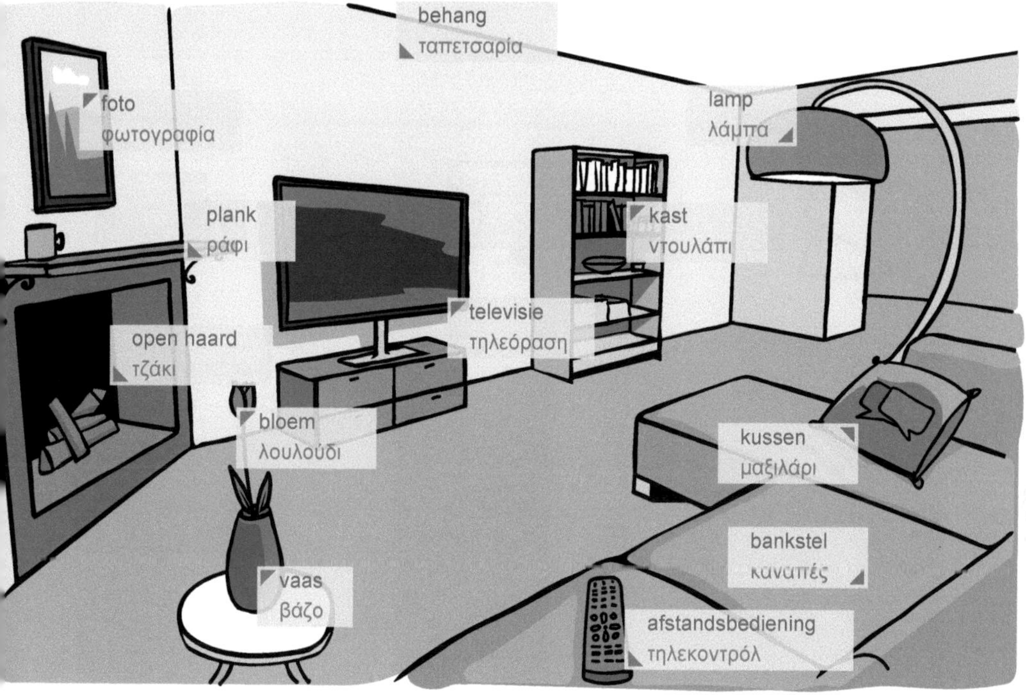

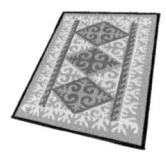

tapijt

χαλί

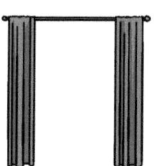

gordijn

κουρτίνα

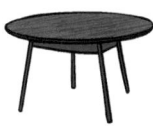

tafel

τραπέζι

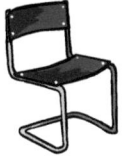

stoel

καρέκλα

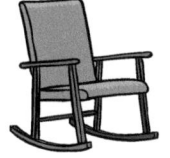

schommelstoel

κουνιστή πολυθρόνα

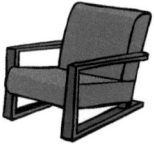

stoel

πολυθρόνα

boek

βιβλίο

deken

κουβέρτα

decoratie

διακόσμηση

brandhout

καυσόξυλα

film

ταινία

stereo-installatie

στερεοφωνικό σύστημα

sleutel

κλειδί

krant

εφημερίδα

schilderij

πίνακας ζωγραφικής

poster

αφίσα

radio

ραδιόφωνο

kladblok

σημειωματάριο

stofzuiger

ηλεκτρική σκούπα

cactus

κάκτος

kaars

κερί

keuken
κουζίνα

koelkast
ψυγείο
magnetron
φούρνος μικροκυμάτων
keukenweegschaal
ζυγαριά κουζίνας
toaster
τοστιέρα
schoonmaakmiddel
απορρυπαντικό
oven
φούρνος
vriesvak
κατάψυξη
prullenbak
σκουπιδοτενεκές
vaatwasser
πλυντήριο πιάτων

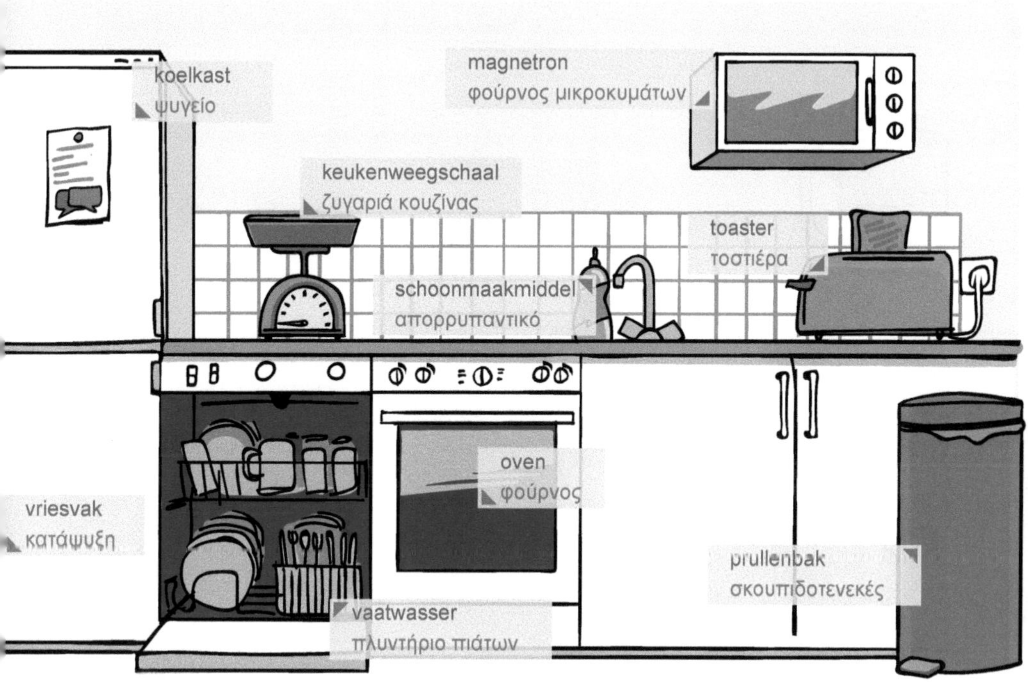

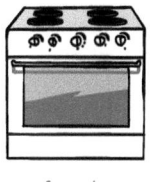

fornuis
....
κουζίνα

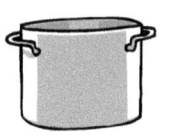

pan
....
κατσαρόλα

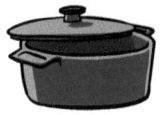

gietijzeren pan
....
μαντεμένια κατσαρόλα

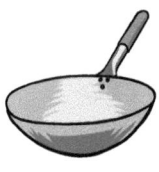

wok / kadai
....
γουόκ/καντάι

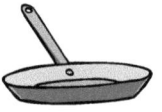

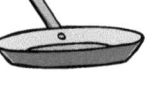

koekenpan
....
τηγάνι

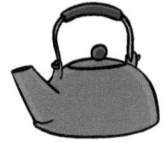

ketel
....
βραστήρας

stoomkoker

ατμομάγειρας

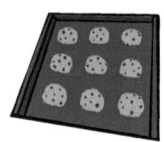

bakplaat

ταψί

servies

πιατικά

beker

κούπα

kom

μπολ

eetstokjes

ξυλάκια

soeplepel

κουτάλα

spatel

σπάτουλα

garde

ανακατεύω

vergiet

σουρωτήρι

zeef

σουρωτηράκι

rasp

τρίφτης

vijzel

γουδί

barbecue

ψησταριά

vuurhaard

ανοιχτή φωτιά

snijplank

σανίδα κοπής

deegroller

πλάστης

kurkentrekker

ανοιχτήρι φελλών

blik

κονσέρβα

blikopener

ανοιχτήρι κονσέρβας

pannenlap

γάντι φούρνου

wasbak

νεροχύτης

borstel

βούρτσα

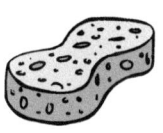

spons

σφουγγάρι

blender

μπλέντερ

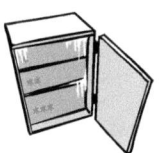

vriezer

καταψύκτης

babyflesje

μπιμπερό

kraan

βρύση

keuken - κουζίνα

badkamer
μπάνιο

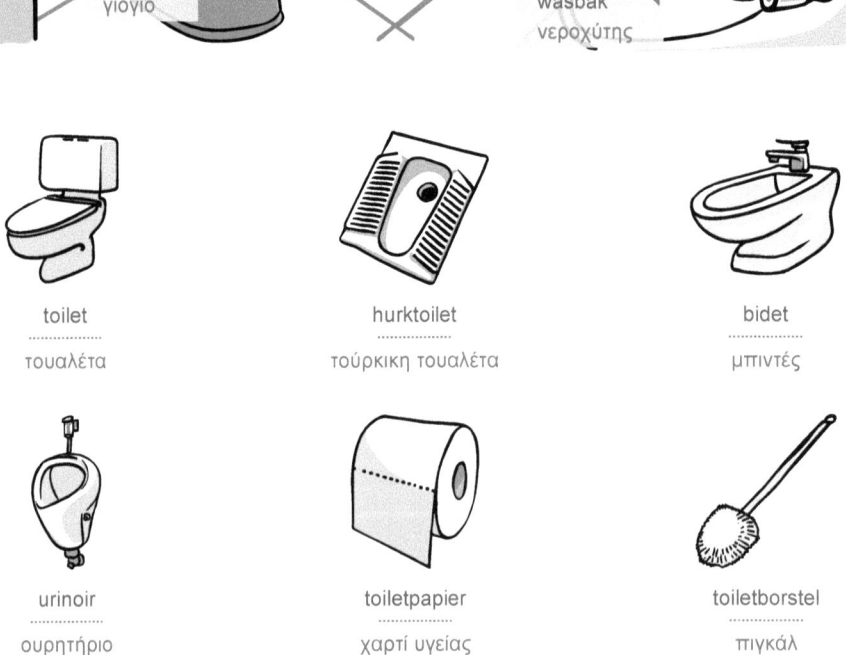

verwarming
θέρμανση
handdoek
πετσέτα
douche
ντους
douchegordijn
κουρτίνα ντουζ
bubbelbad
αφρόλουτρο
bad
μπανιέρα
glas
ποτήρι
wasmachine
πλυντήριο ρούχων
kraan
βρύση
tegels
πλακάκια
potje
γιογιό
wasbak
νεροχύτης

toilet
τουαλέτα

hurktoilet
τούρκικη τουαλέτα

bidet
μπιντές

urinoir
ουρητήριο

toiletpapier
χαρτί υγείας

toiletborstel
πιγκάλ

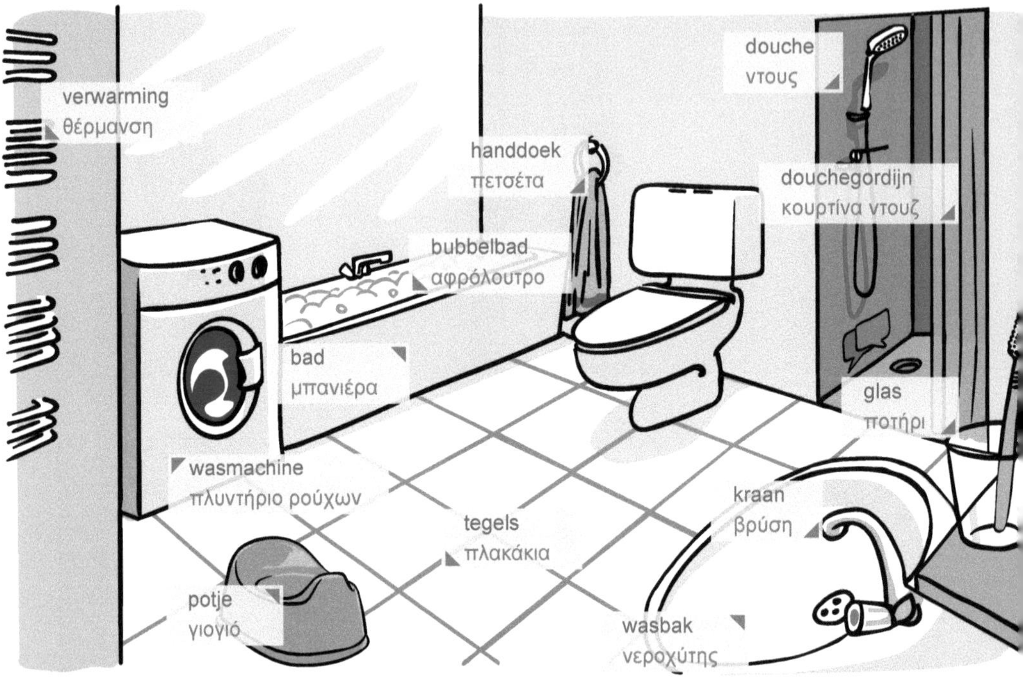

tandenborstel

οδοντόβουρτσα

tandpasta

οδοντόκρεμα

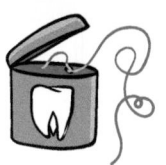

flosdraad

οδοντικό νήμα

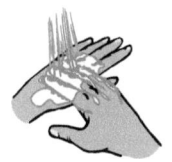

wassen

πλένω

handdouche

τηλέφωνο ντους

toiletdouche

ντουσιέρα

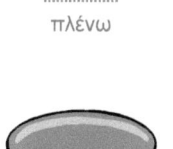

waskom

λεκάνη

rugborstel

βούρτσα πλάτης

zeep

σαπούνι

douchegel

αφρόλουτρο

shampoo

σαμπουάν

washanje

φανέλα

afvoer

σιφόνι

creme

κρέμα

deodorant

αποσμητικό

spiegel
καθρέφτης

make-upspiegel
καθρέφτης χειρός

scheermes
ξυραφάκι

scheerschuim
αφρός ξυρίσματος

aftershave
αφτερσέιβ

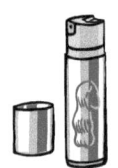

kam
χτένα

borstel
βούρτσα

haardroger
σεσουάρ

haarspray
λακ

make-up
μακιγιάζ

lippenstift
κραγιόν

nagellak
βερνίκι νυχιών

watten
βαμβάκι

nagelschaartje
ψαλίδι νυχιών

parfum
άρωμα

toilettas

νεσεσέρ

kruk

σκαμπό

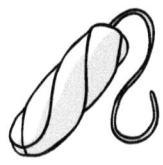

weegschaal

ζυγαριά

badjas

μπουρνούζι

rubber handschoenen

ελαστικά γάντια

tampon

ταμπόν

maandverband

πετσέτα υγιεινής

chemisch toilet

χημική τουαλέτα

kinderkamer
παιδικό δωμάτιο

wekker
ξυπνητήρι
knuffeldier
λούτρινο ζωάκι
speelgoedauto
αυτοκινητάκι
rammelaar
κουδουνίστρα
poppenhuis
κουκλόσπιτο
cadeau
δώρο

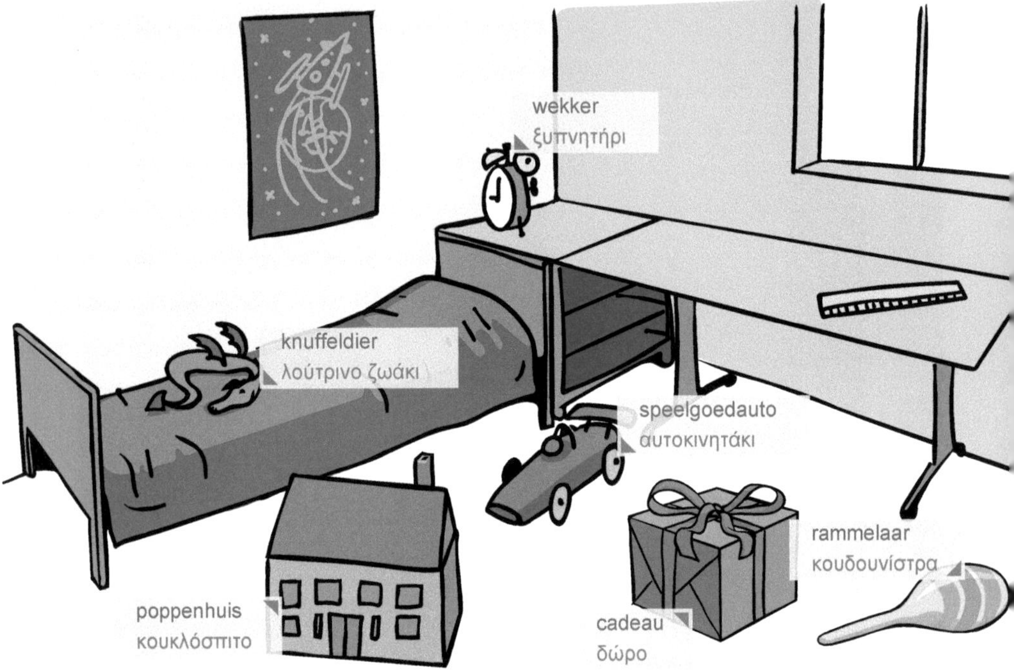

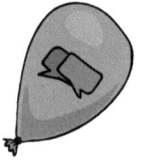

ballon

μπαλόνι

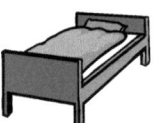

bed

κρεβάτι

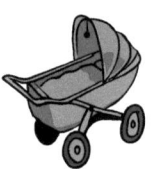

kinderwagen

καροτσάκι

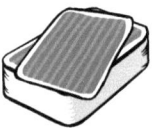

kaartspel

τράπουλα

puzzel

παζλ

SUPER MEGA

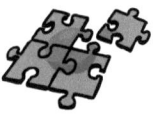

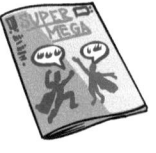

stripverhaal

κόμικς

legostenen	speelgoedblokken	actiefiguurtje
τουβλάκια lego	τουβλάκια κατασκευών	φιγούρα δράσης
	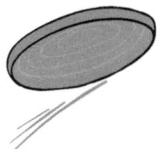	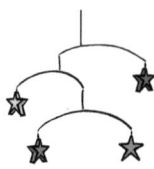
romper	frisbee	mobile
βρεφικό φορμάκι	φρίσμπι	μόμπιλο

bordspel	dobbelsteen	modeltrein
επιτραπέζιο παιχνίδι	ζάρια	σετ τρενάκι

speen	feestje	prentenboek
πιπίλα	πάρτι	εικονογραφημένο βιβλίο

bal	pop	spelen
μπάλα	κούκλα	παίζω

zandbak

σκάμμα με άμμο

schommel

κούνια

speelgoed

παιχνίδια

spelcomputer

κονσόλα βιντεοπαιχνιδιών

driewieler

τρίκυκλο

teddybeer

αρκουδάκι

kleerkast

ντουλάπα

sokken

κάλτσες

kousen

καλτσοδέτες

panty

καλσόν

sjaal
κασκόλ

paraplu
ομπρέλα

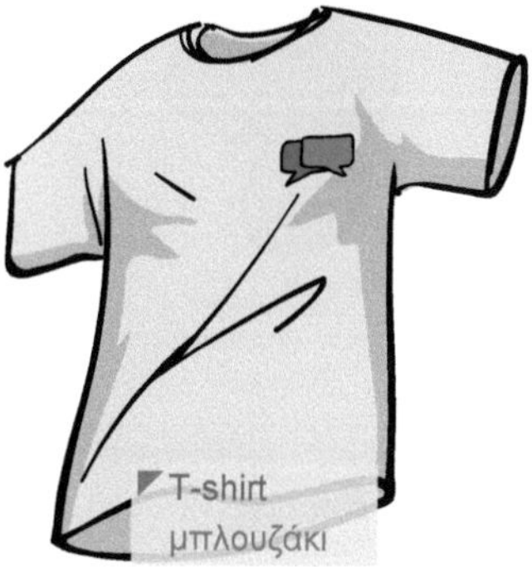

T-shirt
μπλουζάκι

riem
ζώνη

sportschoenen
αθλητικά παπούτσια

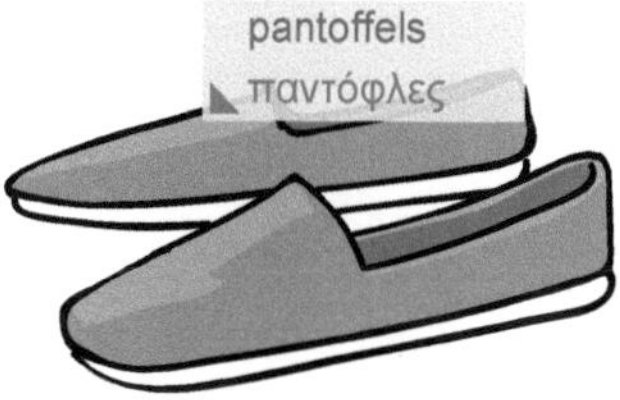

laarzen
μπότες

pantoffels
παντόφλες

sandalen
σανδάλια

schoenen
παπούτσια

rubberlaarzen
γαλότσες

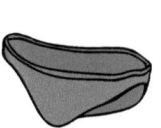

onderbroek
εσώρουχο

beha
σουτιέν

onderhemd
φανέλα

body

σώμα

broek

παντελόνι

spijkerbroek

τζιν παντελόνι

rok

φούστα

blouse

μπλούζα

overhemd

πουκάμισο

trui

πουλόβερ

hoody

πουλόβερ

blazer

σακάκι

jas

μπουφάν

mantel

παλτό

regenjas

αδιάβροχο πανωφόρι

kostuum

κοστούμι

jurk

φόρεμα

trouwjurk

νυφικό

kleding - ρούχα

pak
κοστούμι

nachthemd
νυχτικό

pyjama
πιτζάμες

sari
σάρι

hoofddoek
μαντήλι

tulband
τουρμπάνι

boerka
μπούρκα

kaftan
καφτάνι

abaja
μουσουλμανικό ένδυμα

zwempak
ολόσωμο μαγιό

zwembroek
ανδρικό μαγιό

korte broek
σορτς

trainingspak
αθλητική φόρμα

schort
ποδιά

handschoenen
γάντια

knoop

κουμπί

bril

γυαλιά

armband

βραχιόλι

ketting

περιδέραιο

ring

δαχτυλίδι

oorbel

σκουλαρίκι

pet

καπέλο

kledinghanger

κρεμάστρα

hoed

καπέλο

stropdas

γραβάτα

rits

φερμουάρ

helm

κράνος

bretels

τιράντες

schooluniform

μαθητική στολή

uniform

στολή

slabbetje

σαλιάρα

speen

πιπίλα

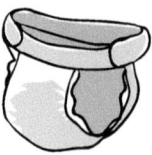

luier

πάνα

kantoor
γραφείο

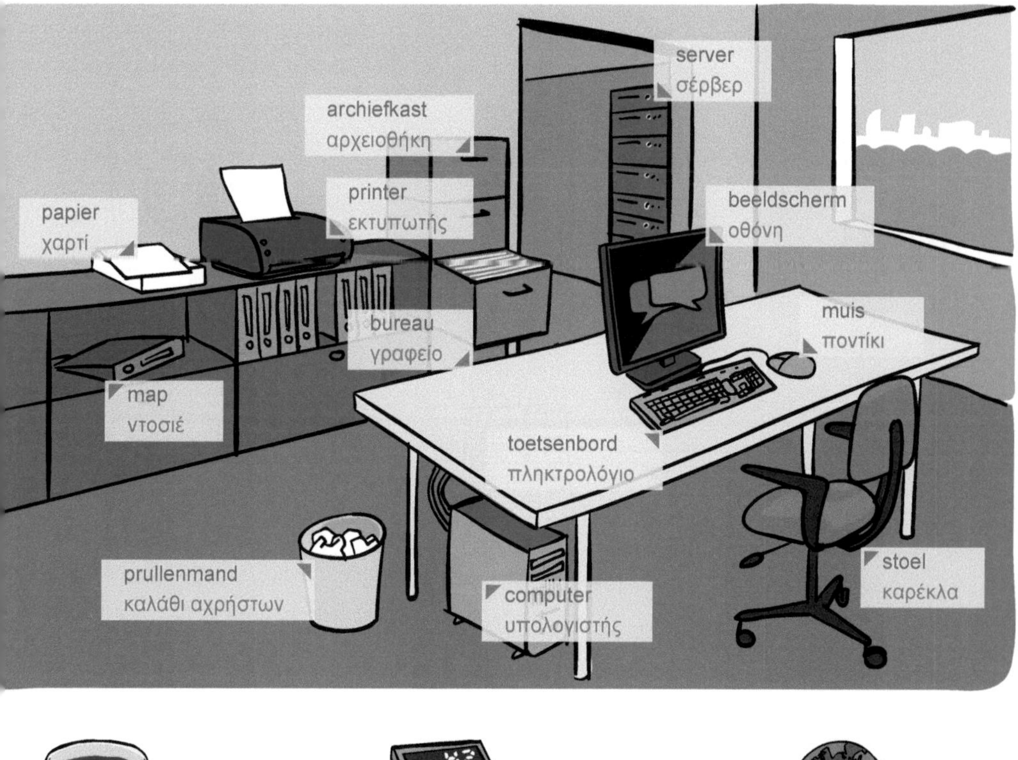

server
σέρβερ

archiefkast
αρχειοθήκη

printer
εκτυπωτής

papier
χαρτί

beeldscherm
οθόνη

bureau
γραφείο

muis
ποντίκι

map
ντοσιέ

toetsenbord
πληκτρολόγιο

prullenmand
καλάθι αχρήστων

stoel
καρέκλα

computer
υπολογιστής

koffiemok

κούπα του καφέ

rekenmachine

κομπιουτεράκι

internet

ίντερνετ

laptop	brief	bericht
λάπτοπ	γράμμα	μήνυμα

mobiele telefoon	netwerk	kopieermachine
κινητό	δίκτυο	φωτοτυπικό μηχάνημα

software	telefoon	stopcontact
λογισμικό	τηλέφωνο	πρίζα
	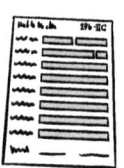	
fax	formulier	document
συσκευή φαξ	έντυπο	έγγραφο

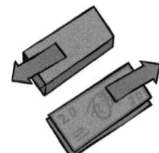

kopen

αγοράζω

betalen

πληρώνω

handel drijven

συναλλάσσομαι

geld

χρήματα

USD

dollar

δολάριο

EUR

euro

ευρώ

 JPY

yen

γιεν

RUB

roebel

ρούβλι

 CHF

Zwitserse frank

ελβετικό φράγκο

CNY

renminbi yuan

ρενμίνμπι γιουάν

 INR

roepie

ρουπία

geldautomaat

ATM (αυτόματη ταμειακή μηχανή)

wisselkantoor

ανταλλακτήρια συναλλάγματος

goud

χρυσός

zilver

ασήμι

olie

πετρέλαιο

energie

ενέργεια

prijs

τιμή

contract

συμβόλαιο

belasting

φόρος

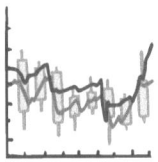

aandeel

μετοχή

werken

δουλεύω

werknemer

υπάλληλος

werkgever

εργοδότης

fabriek

εργοστάσιο

winkel

κατάστημα

economie - οικονομία

beroepen
επαγγέλματα

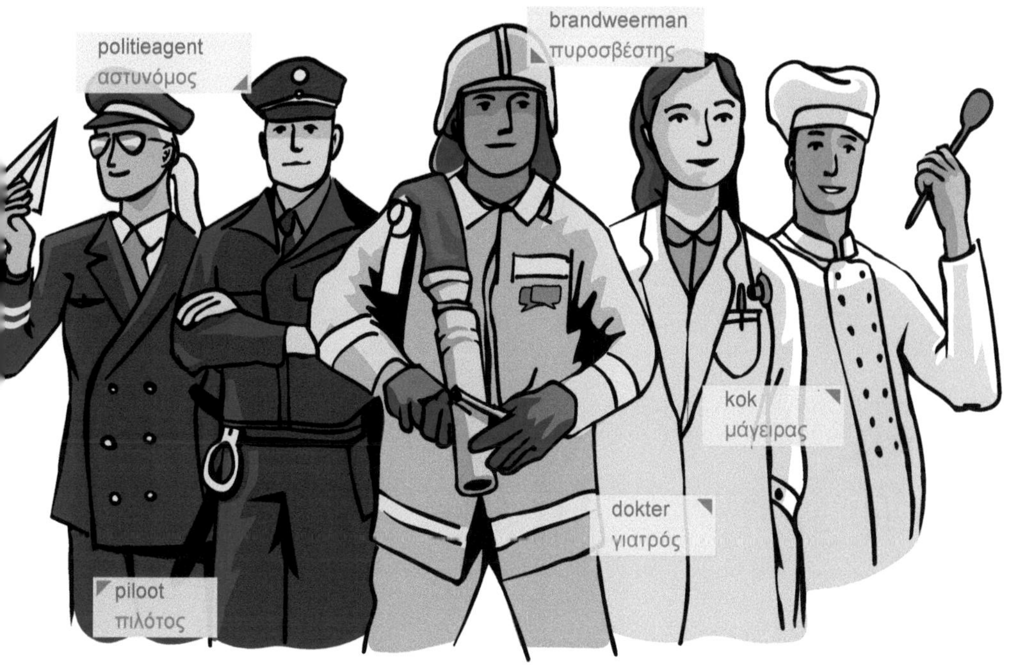
politieagent
αστυνόμος
brandweerman
πυροσβέστης
kok
μάγειρας
dokter
γιατρός
piloot
πιλότος

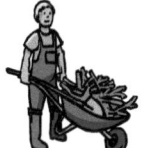

tuinman

κηπουρός

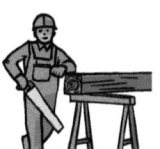

timmerman

ξυλουργός

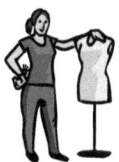

naaister

μοδίστρα

rechter

δικαστής

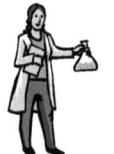

scheikundige

χημικός

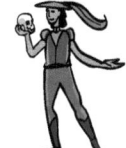

toneelspeler

ηθοποιός

buschauffeur

οδηγός λεωφορείου

taxichauffeur

ταξιτζής

visser

ψαράς

schoonmaakster

καθαρίστρια

dakdekker

τεχνίτης στεγών

ober

σερβιτόρος

jager

κυνηγός

schilder

ζωγράφος

bakker

αρτοποιός

elektricien

ηλεκτρολόγος

bouwvakker

οικοδόμος

ingenieur

μηχανολόγος

slager

κρεοπώλης

loodgieter

υδραυλικός

postbode

ταχυδρόμος

soldaat
στρατιώτης

architect
αρχιτέκτονας

kassier
ταμίας

bloemist
ανθοπώλης

kapper
κομμωτής

conducteur
ελεγκτής εισιτηρίων

monteur
μηχανικός

kapitein
καπετάνιος

tandarts
οδοντίατρος

wetenschapper
επιστήμονας

rabbi
ραβίνος

imam
ιμάμης

monnik
μοναχός

pastoor
ιερέας

gereedschap
εργαλεία

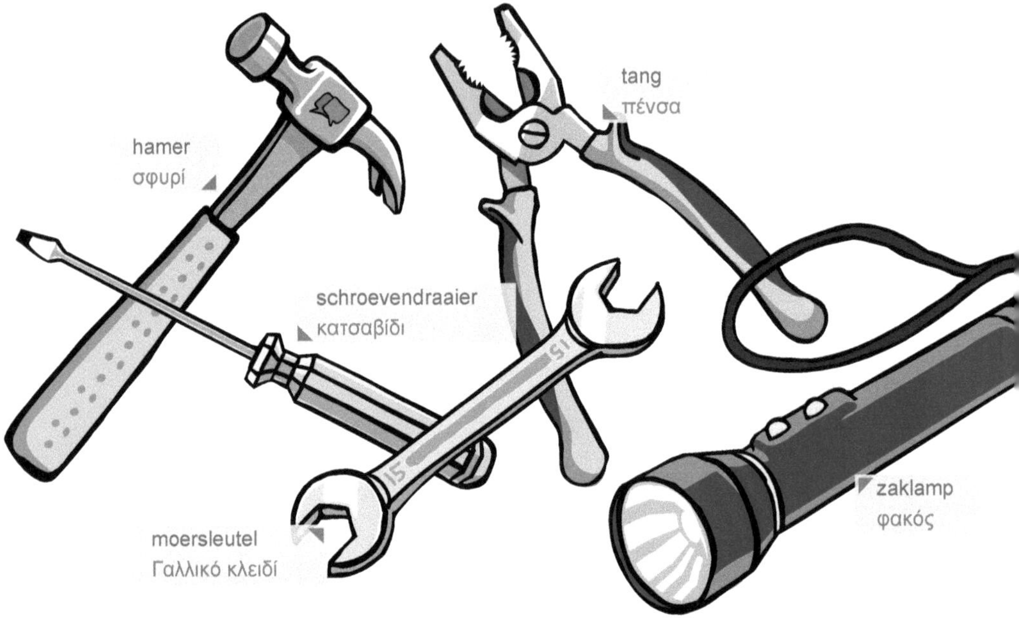

tang
πένσα
hamer
σφυρί
schroevendraaier
κατσαβίδι
moersleutel
Γαλλικό κλειδί
zaklamp
φακός

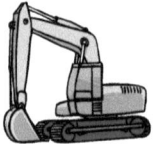

graafmachine

εκσκαφέας

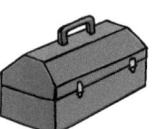

gereedschapskist

εργαλειοθήκη

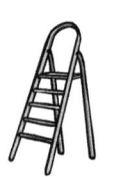

ladder

σκάλα

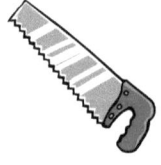

zaag

πριόνι

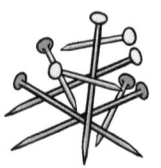

spijkers

καρφιά

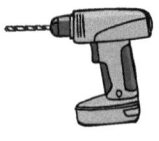

boor

τρυπάνι

repareren

επισκευάζω

schep

φτυάρι

Verdorie!

Να πάρει!

stofblik

φαράσι

verfpot

δοχείο χρωμάτων

schroeven

βίδες

muziekinstrumenten
μουσικά όργανα

luidspreker
μεγάφωνο

drumstel
ντραμς

gitaar
κιθάρα

contrabas
κοντραμπάσο

trompet
τρομπέτα

piano

πιάνο

viool

βιολί

bas

μπάσο

pauk

τύμπανα

trommel

τύμπανο

keyboard

πλήκτρα

saxofoon

σαξόφωνο

fluit

φλάουτο

microfoon

μικρόφωνο

dierentuin

ζωολογικός κήπος

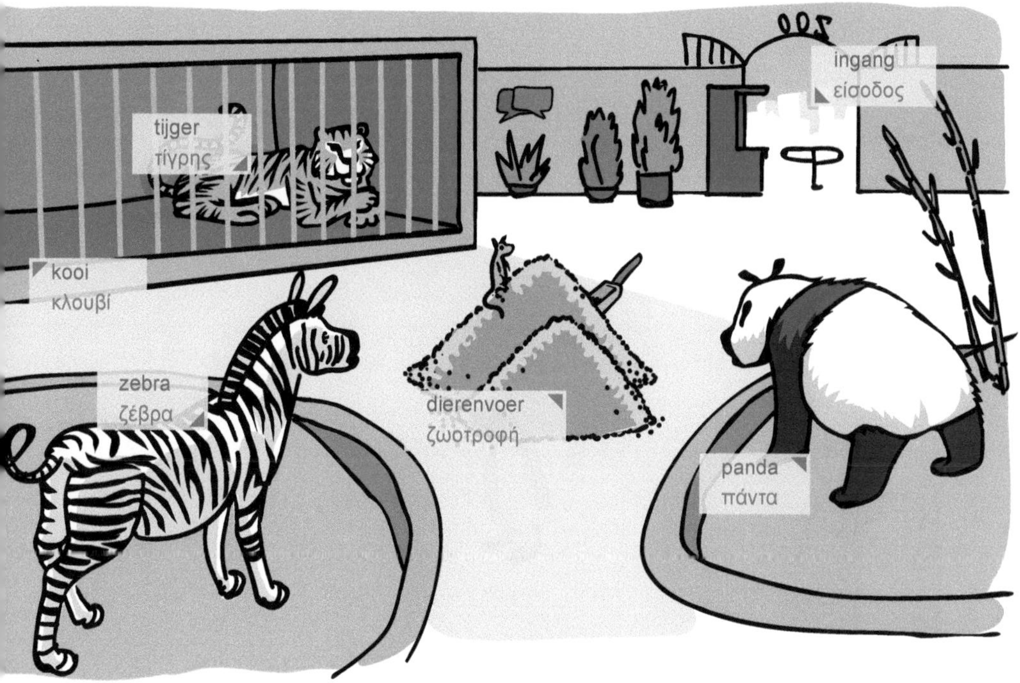
tijger
τίγρης
ingang
είσοδος
kooi
κλουβί
zebra
ζέβρα
dierenvoer
ζωοτροφή
panda
πάντα

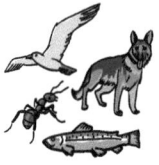

dieren

ζώα

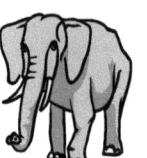

olifant

ελέφαντας

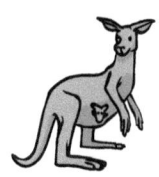

kangoeroe

καγκουρό

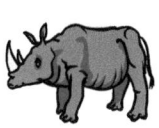

neushoorn

ρινόκερος

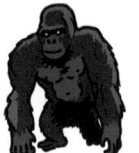

gorilla

γορίλας

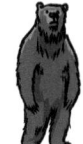

beer

αρκούδα

kameel

καμήλα

struisvogel

στρουθοκάμηλος

leeuw

λιοντάρι

aap

πίθηκος

flamingo

φλαμίνγκο

papegaai

παπαγάλος

ijsbeer

πολική αρκούδα

pinguïn

πιγκουίνος

haai

καρχαρίας

pauw

παγώνι

slang

φίδι

krokodil

κροκόδειλος

dierenverzorger

φύλακας ζωολογικού κήπου

zeehond

φώκια

jaguar

τζάγκουαρ

dierentuin - ζωολογικός κήπος

pony
πόνυ

luipaard
λεοπάρδαλη

nijlpaard
ιπποπόταμος

giraffe
καμηλοπάρδαλη

adelaar
αετός

wild zwijn
αγριογούρουνο

vis
ψάρι

schildpad
χελώνα

walrus
θαλάσσιος ίππος

vos
αλεπού

gazelle
γαζέλα

American football
Αμερικάνικο ποδόσφαιρο

wielrennen
ποδηλασία

tennis
αντισφαίριση

basketbal
μπάσκετ

zwemmen
κολύμβηση

boksen
πυγχαμία

ijshockey
χόκεϋ επί πάγου

voetbal
ποδόσφαιρο

badminton
μπάντμιντον

atletiek
στίβος

handbal
χάντμπολ

skiën
σκι

polo
πόλο

activiteiten
δραστηριότητες

lachen
γελάω
springen
πηδάω
knuffelen
αγκαλιάζω
lopen
περπατάω
zingen
τραγουδάω
dromen
ονειρεύομαι
bidden
προσεύχομαι
kussen
φιλάω

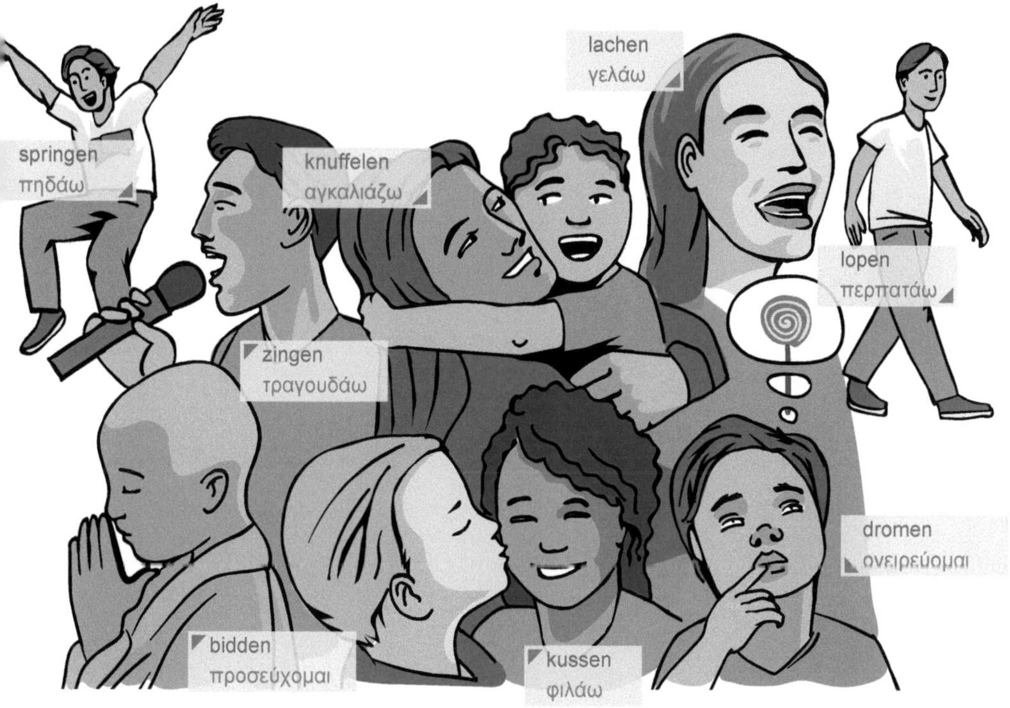

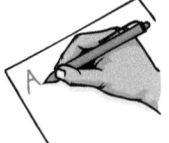

schrijven
γράφω

tekenen
σχεδιάζω

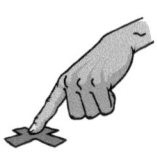

tonen
δείχνω

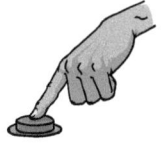

duwen
πιέζω

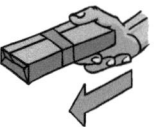

geven
δίνω

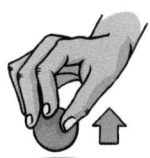

oppakken
παίρνω

hebben

έχω

doen

κάνω

zijn

είμαι

staan

στέκομαι

rennen

τρέχω

trekken

τραβάω

gooien

ρίχνω

vallen

πέφτω

liggen

ξαπλώνω

wachten

περιμένω

dragen

κουβαλώ

zitten

κάθομαι

aankleden

φοράω

slapen

κοιμάμαι

wakker worden

ξυπνάω

bekijken
κοιτάω

huilen
κλαίω

strelen
χαϊδεύω

kammen
χτενίζω

praten
μιλάω

begrijpen
καταλαβαίνω

vragen
ρωτάω

horen
ακούω

drinken
πίνω

eten
τρώω

opruimen
συγυρίζω

houden van
αγαπάω

koken
μαγειρεύω

rijden
οδηγώ

vliegen
πετάω

zeilen

κάνω ιστιοπλοΐα

rekenen

υπολογίζω

lezen

διαβάζω

leren

μαθαίνω

werken

δουλεύω

trouwen

παντρεύομαι

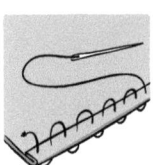

naaien

ράβω

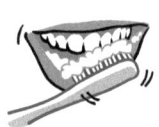

tandenpoetsen

βουρτσίζω τα δόντια

doden

σκοτώνω

roken

καπνίζω

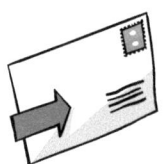

verzenden

στέλνω

grootmoeder
γιαγιά

grootvader
παππούς

vader
πατέρας

moeder
μητέρα

baby
μωρό

dochter
κόρη

zoon
γιος

gast

καλεσμένος

tante

θεία

oom

θείος

broer

αδελφός

zus

αδελφή

lichaam

σώμα

voorhoofd
μέτωπο
oog
μάτι
schouder
ώμος
vinger
δάχτυλο
gezicht
πρόσωπο
kin
πιγούνι
hand
χέρι
been
πόδι
borst
στήθος
arm
βραχίονας

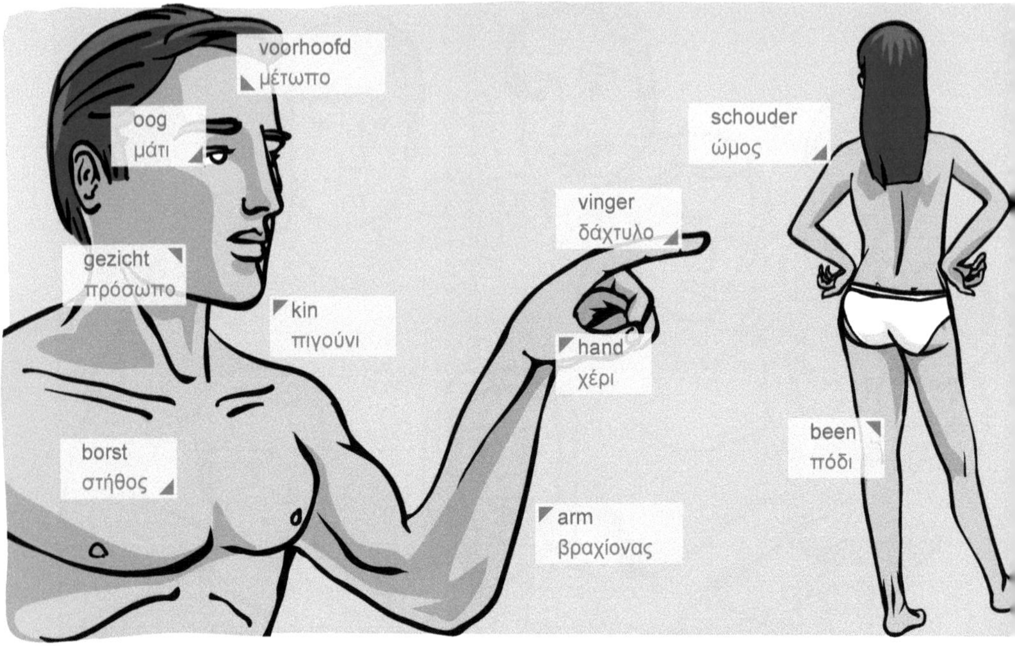

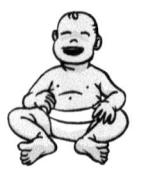

baby

μωρό

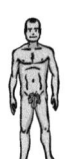

man

άνδρας

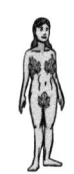

vrouw

γυναίκα

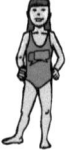

meisje

κορίτσι

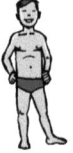

jongen

αγόρι

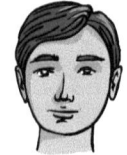

hoofd

κεφάλι

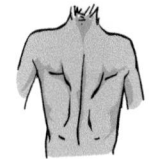

rug
πλάτη

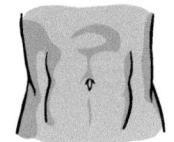

buik
κοιλιά

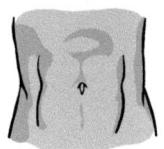

navel
αφαλός

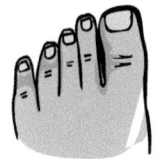

teen
δάχτυλο ποδιού

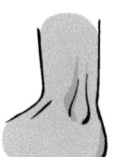

hiel
φτέρνα

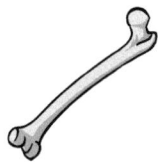

bot
κόκκαλο

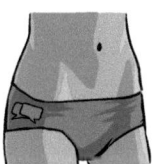

heup
γοφός

knie
γόνατο

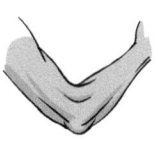

elleboog
αγκώνας

neus
μύτη

achterwerk
γλουτός

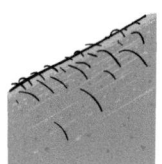

huid
δέρμα

wang
μάγουλο

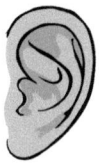

oor
αυτί

lippen
χείλος

mond

στόμα

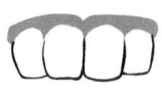

tand

δόντι

tong

γλώσσα

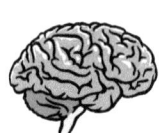

hersenen

εγκέφαλος

hart

καρδιά

spier

μυς

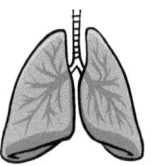

long

πνεύμονας

lever

συκώτι

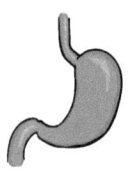

maag

στομάχι

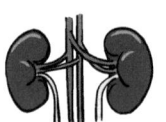

nieren

νεφρά

geslachtsgemeenschap

σεξουαλική επαφή

condoom

προφυλακτικό

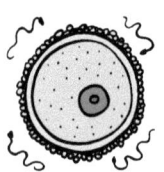

eicel

ωάριο

sperma

σπέρμα

zwangerschap

εγκυμοσύνη

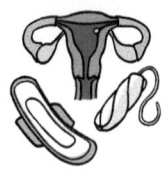

menstruatie

περίοδος

vagina

γυναικείος κόλπος

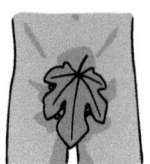

penis

πέος

wenkbrauw

φρύδι

haar

μαλλιά

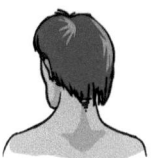

hals

λαιμός

ziekenhuis
νοσοκομείο

ziekenhuis
νοσοκομείο

ambulance
ασθενοφόρο

rolstoel
αναπηρικό καροτσάκι

fractuur
κάταγμα

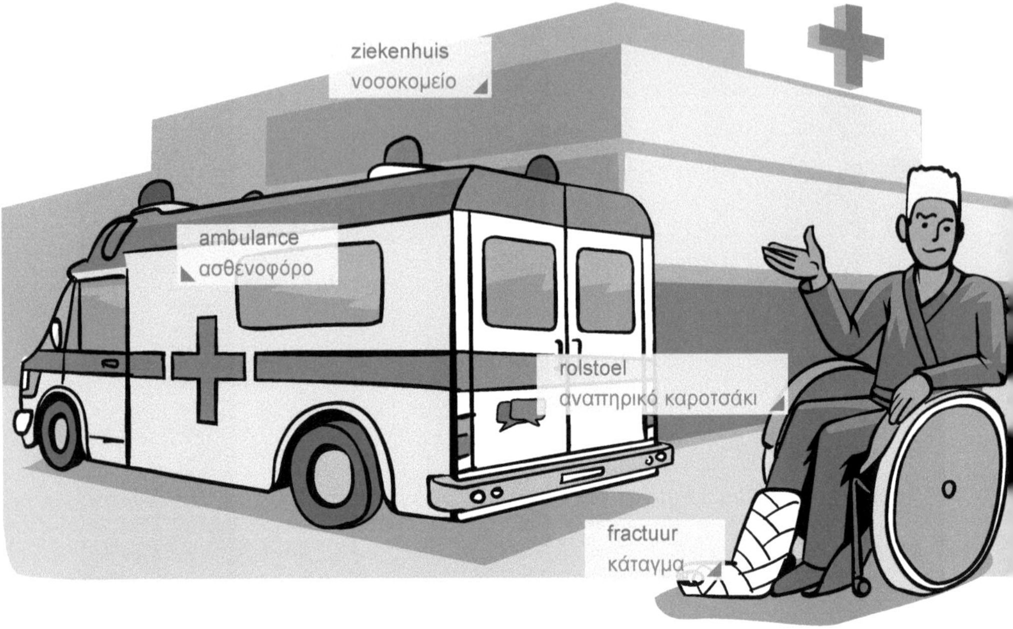

dokter
γιατρός

EHBO
μονάδα εντατικής θεραπείας

verpleegster
νοσοκόμα

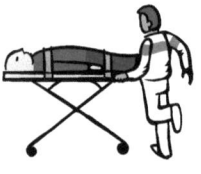

noodgeval
έκτακτη ανάγκη

bewusteloos
λιπόθυμος

pijn
πόνος

verwonding
τραύμα

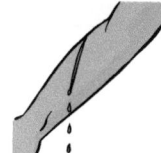

bloeding
αιμορραγία

hartaanval
έμφραγμα

beroerte
εγκεφαλικό

allergie
αλλεργία

hoest
βήχας

koorts
πυρετός

griep
γρίπη

diarree
διάρροια

hoofdpijn
πονοκέφαλος

kanker
καρκίνος

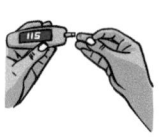

diabetes
διαβήτης

chirurg
χειρουργός

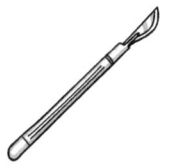

scalpel
νυστέρι

operatie
εγχείρηση

CT

αξονική τομογραφία

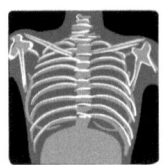

röntgen

ακτινογραφία

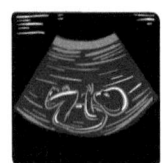

echografie

υπέρηχος

gezichtsmasker

μάσκα

ziekte

ασθένεια

wachtkamer

αίθουσα αναμονής

kruk

πατερίτσα

pleister

χάνσαπλαστ

verband

επίδεσμος

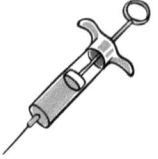

injectie

ένεση

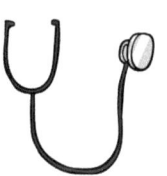

stethoscoop

στηθοσκόπιο

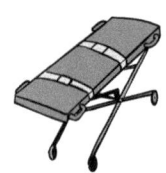

brancard

φορείο

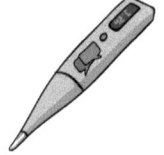

thermometer

θερμόμετρο

geboorte

γέννηση

overgewicht

υπέρβαρο

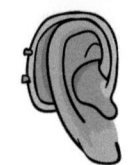

gehoorapparaat

ακουστικό βαρηκοΐας

ontsmettingsmiddel

αντισηπτικό

infectie

λοίμωξη

virus

ιός

HIV / AIDS

HIV/AIDS

medicijn

φάρμακο

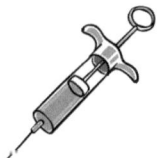

inenting

εμβολιασμός

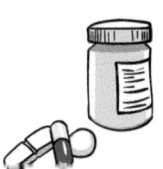

tabletten

δισκία

pil

χάπι

alarmnummer

κλήση έκτακτης ανάγκης

bloeddrukmeter

πιεσόμετρο αίματος

ziek / gezond

άρρωστος / υγιής

Help!

Βοήθεια!

alarm

συναγερμός

overval

βιαιοπραγία

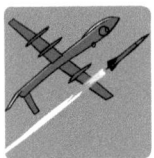

aanval

επίθεση

gevaar

κίνδυνος

nooduitgang

έξοδος κινδύνου

Brand!

Φωτιά!

brandblusser

πυροσβεστήρας

ongeluk

ατύχημα

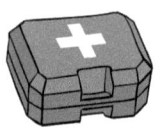

EHBO-koffer

κουτί πρώτων βοηθειών

SOS

SOS

politie

αστυνομία

Europa

Ευρώπη

Noord-Amerika

Βόρεια Αμερική

Zuid-Amerika

Νότια Αμερική

Afrika

Αφρική

Azië

Ασία

Australië

Αυστραλία

Atlantische Oceaan

Ατλαντικός Ωκεανός

Stille Oceaan

Ειρηνικός Ωκεανός

Indische Oceaan

Ινδικός Ωκεανός

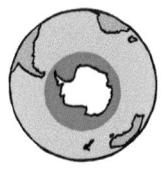

Zuidelijke Oceaan

Ανταρκτικός Ωκεανός

Noordelijke IJszee

Αρκτικός Ωκεανός

Noordpool

Βόρειος Πόλος

Zuidpool

Νότιος Πόλος

Antarctica

Ανταρκτική

aarde

Γη

land

γη

zee

θάλασσα

eiland

νησί

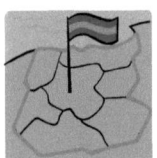

natie

έθνος

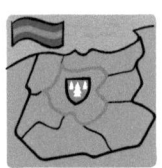

staat

πολιτεία

wijzerplaat
καντράν ρολογιού

uurwijzer
ωροδείκτης

minutenwijzer
λεπτοδείκτης

secondewijzer
δείκτης δευτερολέπτων

Hoe laat is het?
Τι ώρα είναι;

dag
ημέρα

tijd
χρόνος

nu
τώρα

digitaal horloge
ψηφιακό ρολόι

minuut
λεπτό

uur
ώρα

week

εβδομάδα

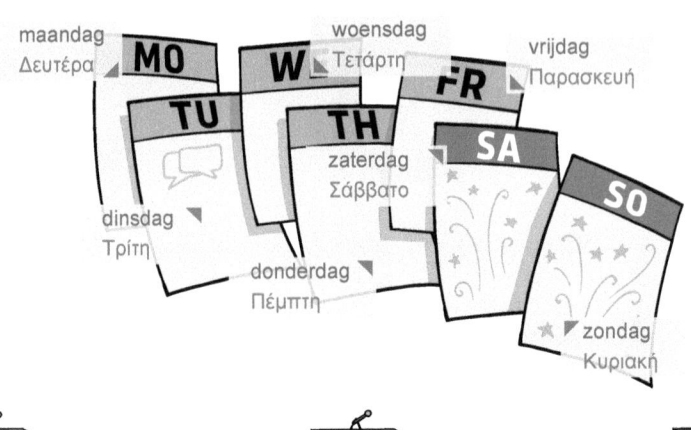

maandag
Δευτέρα

woensdag
Τετάρτη

vrijdag
Παρασκευή

dinsdag
Τρίτη

zaterdag
Σάββατο

donderdag
Πέμπτη

zondag
Κυριακή

gisteren
χθες

vandaag
σήμερα

morgen
αύριο

ochtend
πρωί

middag
μεσημέρι

avond
βράδυ

werkdagen
εργάσιμες ημέρες

weekend
Σαββατοκύριακο

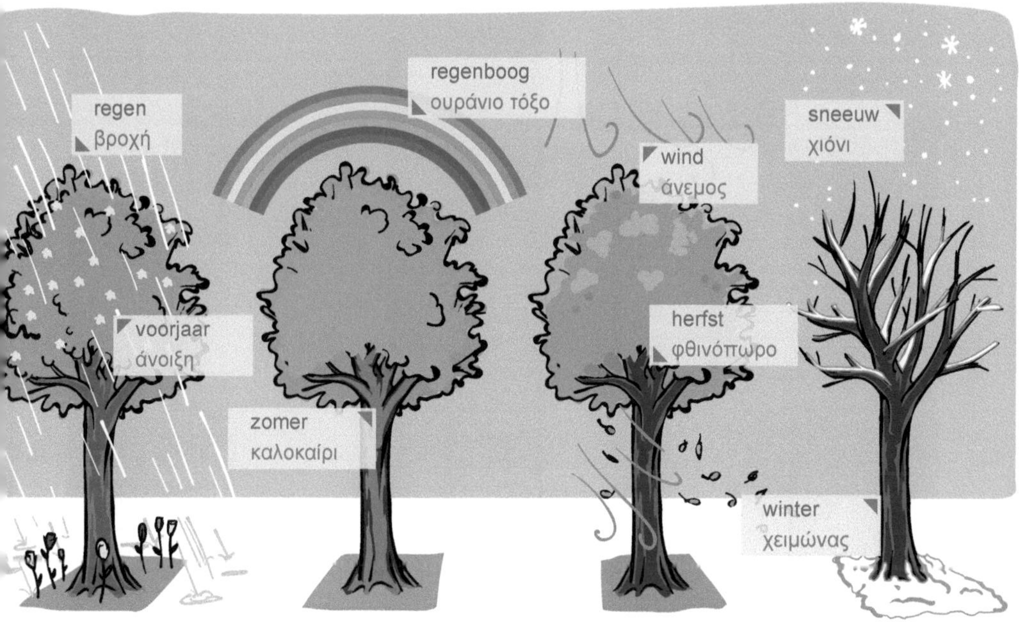

regen
βροχή

regenboog
ουράνιο τόξο

wind
άνεμος

sneeuw
χιόνι

voorjaar
άνοιξη

herfst
φθινόπωρο

zomer
καλοκαίρι

winter
χειμώνας

4.APRIL	11°	☀
5.APRIL	4°	☁
6.APRIL	13°	☂
7.APRIL	8°	❄
8.APRIL	10°	☀

weerbericht
πρόγνωση καιρού

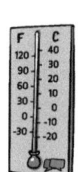

thermometer
θερμόμετρο

zonneschijn
λιακάδα

wolk
σύννεφο

mist
ομίχλη

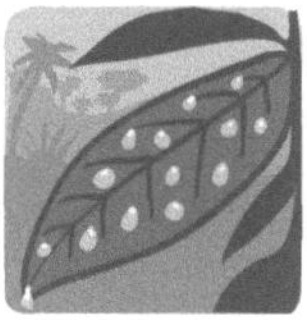

luchtvochtigheid
υγρασία

bliksem

αστραπή

donder

κεραυνός

storm

καταιγίδα

hagel

χαλάζι

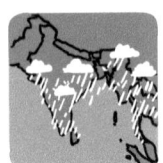

moesson

μουσώνας

overstroming

πλημμύρα

ijs

πάγος

januari

Ιανουάριος

februari

Φεβρουάριος

maart

Μάρτιος

april

Απρίλιος

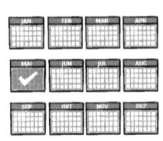

mei

Μάιος

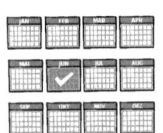

juni

Ιούνιος

juli

Ιούλιος

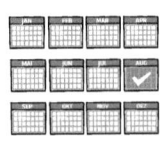

augustus

Αύγουστος

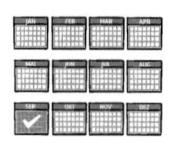

september

Σεπτέμβριος

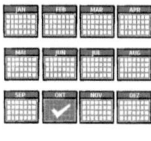

oktober

Οκτώβριος

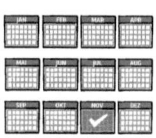

november

Νοέμβριος

december

Δεκέμβριος

vormen
σχήματα

cirkel

κύκλος

vierkant

τετράγωνο

rechthoek

ορθογώνιο
παραλληλόγραμμο

driehoek

τρίγωνο

bol

σφαίρα

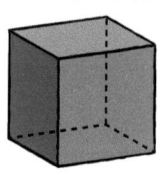

kubus

κύβος

wit

άσπρο

geel

κίτρινο

oranje

πορτοκαλί

roze

ροζ

rood

κόκκινο

paars

μωβ

blauw

μπλε

groen

πράσινο

bruin

καφέ

grijs

γκρι

zwart

μαύρο

veel / weinig

πολύ / λίγο

boos / rustig

θυμωμένος / ήρεμος

mooi / lelijk

όμορφος / άσχημος

begin / einde

αρχή / τέλος

groot / klein

μεγάλος / μικρός

licht / donker

φωτεινός / σκοτεινός

broer / zus

αδελφός / αδελφή

schoon / vies

καθαρός / λερωμένος

volledig / onvolledig

πλήρης / ατελής

dag/ nacht

ημέρα / νύχτα

dood / levend

νεκρός / ζωντανός

breed / smal

φαρδύς / στενός

eetbaar / oneetbaar

βρώσιμος / μη βρώσιμος

gemeen / aardig

κακός / ευγενικός

opgewonden / verveeld

ενθουσιασμένος / βαριεστημένος

dik / dun

παχύς / λεπτός

eerste / laatste

πρώτος / τελευταίος

vriend / vijand

φίλος / εχθρός

vol / leeg

γεμάτος / άδειος

hard / zacht

σκληρός / μαλακός

zwaar / licht

βαρύς / ελαφρύς

honger / dorst

πείνα / δίψα

ziek / gezond

άρρωστος / υγιής

illegaal / legaal

παράνομος / νόμιμος

intelligent / dom

έξυπνος / χαζός

links / rechts

αριστερός / δεξιός

dichtbij / ver

κοντινός / μακρινός

nieuw / gebruikt

καινούριος /
μεταχειρισμένος

niets / iets

τίποτα / κάτι

oud / jong

γέρος | νέος

aan / uit

αναμμένος / σβηστός

open / gesloten

ανοιχτός / κλειστός

zacht / luid

χαμηλόφωνος /
μεγαλόφωνος

rijk / arm

πλούσιος / φτωχός

goed / fout

σωστός / λανθασμένος

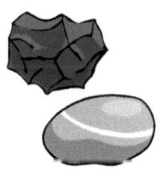

ruw / glad

τραχύς / λείος

verdrietig / gelukkig

λυπημένος / χαρούμενος

kort / lang

κοντός / μακρύς

langzaam / snel

αργός / γρήγορος

nat / droog

υγρός / στεγνός

warm / koel

ζεστός / δροσερός

oorlog / vrede

πόλεμος / ειρήνη

0	**1**	**2**
nul	één	twee
μηδέν	ένα	δύο

3	**4**	**5**
drie	vier	vijf
τρία	τέσσερα	πέντε

6	**7**	**8**
zes	zeven	acht
έξι	εφτά	οκτώ

9	**10**	**11**
negen	tien	elf
εννιά	δέκα	έντεκα

12

twaalf

δώδεκα

13

dertien

δεκατρία

14

veertien

δεκατέσσερα

15

vijftien

δεκαπέντε

16

zestien

δεκαέξι

17

zeventien

δεκαεφτά

18

achttien

δεκαοκτώ

19

negentien

δεκαεννέα

20

twintig

είκοσι

100

honderd

εκατό

1.000

duizend

χίλια

1.000.000

miljoen

εκατομμύριο

Engels

Αγγλικά

Amerikaans Engels

Αμερικάνικα Αγγλικά

Chinees Mandarijn

Μανδαρίνικα Κινέζικα

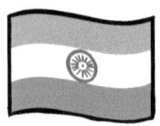

Hindi

Χίντι

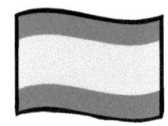

Spaans

Ισπανικά

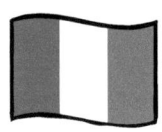

Frans

Γαλλικά

Arabisch

Αραβικά

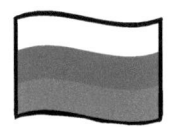

Russisch

Ρώσικα

Portugees

Πορτογαλικά

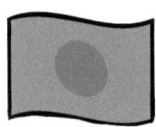

Bengalees

Μπενγκάλι

Duits

Γερμανικά

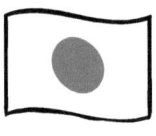

Japans

Ιαπωνικά

ik

εγώ

jij

εσύ

hij / zij / het

αυτός / αυτή / αυτό

wij

εμείς

jullie

εσείς

zij

αυτοί / αυτές / αυτά

wie?

ποιος / ποια / ποιο;

wat?

τι;

hoe?

πώς;

waar?

πού;

wanneer?

πότε;

naam

όνομα

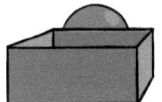

achter

πίσω

in

μέσα

voor

μπροστά

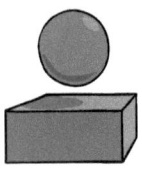

boven

πάνω από

op

πάνω

onder

κάτω

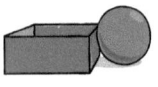

naast

δίπλα

tussen

ανάμεσα

plaats

μέρος